AF563164

MATHURIN GUÊTRÉ

du *Valeriquais*

# RÉVISION

SÉLECTION

DIVISIBILITÉ

SAINT-VALERY-EN-CAUX, IMPR. E. DANGU

Journal *Le Valeriquais*

1893.

Saint - Valery - en - Caux
IMPRIMERIE EUGÈNE DANGU
Journal LE VALERIQUAIS

# RÉVISION

SÉLECTION
DIVISIBILITÉ

PAR

**MATHURIN GUÊTRÉ**
du *Valeriquais*

La révision de la constitution a maintes fois été envisagée depuis quelques années, suivant les besoins que ses imperfections faisaient naître dès l'application de celle qui nous régit.

Il a fallu et il faut encore une véritable bonne volonté pour partager, en s'en servant, l'avis de Pangloss le célèbre optimiste.

Un fait peut surprendre, c'est le peu d'études auxquelles on s'est livré depuis les premiers inconvénients sentis. L'on a bien songé à modifier, l'un ou plusieurs de ses organes ; mais jusqu'alors nous ne voyons aucun projet qui ait compris sa modification entière tout en maintenant notre constitution dans la vraie doctrine démocratique :

Suffrage universel, Accès au pouvoir pour tous.

N'ayant toujours que des résultats négatifs, c'est-à-dire sans améliorations réelles dans la politique pratique ou direction de la société vers un avenir meilleur, on arrive à lasser le peuple d'une forme de gouvernement vers laquelle il se porte naturellement.

Trop souvent, des déboires économiques et sociaux ont fait ressembler notre République, aux régimes qui pourtant ne devraient avoir rien d'approchant de la forme gouvernementale par excellence, forme toujours améliorable par son essence et devant ainsi tendre, sans cesse, à la perfection.

Pourtant, par ces temps de Positivisme l'on aurait dû songer à ramener le gouvernement, c'est-à-dire la direction du Tout dans les voies où Chacun trouve le chemin ouvert vers le Progrès et où la direction individuelle accomplit une marche qui, par sa vigueur et les résultats acquis, sera l'honneur du XIX$^{e}$ siècle en même temps que le triomphe des théories de la divisibilité.

En effet, la divisibilité du travail a, depuis son application, produit des résultats indéniables. Appliquée au travail manuel, pour commencer, elle n'a pas tardé à aider au travail intellectuel à se développer rapidement en des proportions jusqu'alors inconnues; toutes les branches de l'industrie humaine attaquées vigoureusement et séparément ont révélé des hommes, des novateurs, dont beaucoup appartiennent dès maintenant à la postérité.

L'un s'est voué à l'électricité et

en a tiré des applications inattendues.

Un autre étudiant les substances explosibles en a obtenu des résultats stupéfiants.

D'autres enfin, ont fixé l'image, le vol de l'oiseau, ont réduit les transports à des opérations très simples, ont fait prendre au fer une place prépondérante dans la construction, ont obtenu des machines une obéissance passive et même des dessins tissés, ont obtenu des gaz des emplois aussi nombreux qu'utiles, ont avec les virus créé une homiopathie victorieuse etc. etc.

Enfin, et répétons-le hautement, chaque partie divisée, spécialisée, a donné et donne permanemment son maximum d'améliorations possibles de progressions réalisables. Chaque nouvelle trouvaille rejaillit instantanément dans chacune des parties du Tout ainsi rapidement impressionné.

Pourquoi au point de vue gouvernemental n'en serait-il pas de même ?

Pourquoi, pouvant trouver un

milieu spécial approprié à leurs aptitudes chacun de nos dirigeants ne pourrait-il mieux connaître et discuter nos besoins, répartir utilement nos dépenses et réaliser sans fautes les économies désirables et possibles.

Si notre pays, pas plus que les autres, ne peut produire d'hommes universels, il a toujours produit, et de tous temps des hommes de valeur incontestés. Artistes, Savants, Littérateurs, Philosophes, Légistes, Avocats, Industriels, Commerçants, Diplomates, Généraux, etc., ont pu comparer, sans infériorité, des leurs avec les autres nations du globe.

Que chacun de nos hommes de valeur puisse être mis dans sa sphère entouré de collègues également spécialisés, et les discussions oiseuses seront vite écartées ; de chaque milieu sortiront des lois complètes et applicables ne permettant pas à tel juge ou à tel fonctionnaire de les utiliser à l'encontre de l'idée du législateur. Les divers corps actuels : Sénat, Chambres, Institut, Ministères, etc.. ne faisant qu'un seul et même tout représenteront réellement et complètement la Nation en remplissant les *desiderata* les plus logiques : Travail, Organisation, Appropriation, Sélection, Stabilité, Régularité, Perfectibilité.

L'essai qui va suivre tend tout entier vers ce but, et, sans avoir la prétention de l'atteindre, je serai heureux, si je puis apporter ma pierre à l'édifice que je voudrais nous voir posséder, à l'envi *réel* des peuples nos voisins.

Art. 1er. — La représentation nationale est composée des sections ou commissions élues directement par le suffrage universel.

Art. 2. — Chaque année et à tour de rôle une de ces sections est renouvelée à une époque fixe qui devient jour férié (*une date historique si possible*).

Art. 3. — Chaque section réunit les attributions d'un même ordre d'idées :

Défense Nationale.
Richesse Nationale.
Propriétés Nationales.
Finances Nationales.
Education et Instruction Nationales.
Relations Internationales.

La Défense réunit les armées de terre, de mer, les arsenaux, les poudrières, etc.

La Richesse groupe l'Agriculture, l'Industrie, le Commerce et les Colonies.

Les Propriétés sont : les Monuments Publics, Musées, Postes, Télégraphes, Téléphones, Chemins de Fer, Ponts, Routes, Canaux, etc.

Les finances restent seules vu leur importance et le besoin d'isolement de ce service qui doit être surveillé de si près afin de maintenir toujours au plus haut le crédit de la Nation.

L'Education et l'Instruction se composent des services compris actuellement dans les ministères de l'Intérieur, de la Justice, de l'Instruction publique, des Cultes et des Beaux-Arts.

Enfin les Relations sont ce que leur nom indique, c'est-à-dire les Affaires Etrangères avec des sous-sections de direction Politique, Colonies, Echanges, Emprunts, Prêts, etc.

Art. 4. — Le groupement d'un Département constituant une unité dans laquelle les intérêts d'une population doivent être intimement liés.

Cette unité est et reste consacrée par les seules institutions suivantes :

Le Préfet, pouvoir exécutif.

Le Conseil général, pouvoir de distribution, de surveillance et d'aspirations législatives.

Chaque Département, quelle que soit son importance, de superficie ou de population, élit un député par commission tout comme il n'a qu'un préfet. (*Il n'a ainsi, chaque année, qu'un homme à trouver ou à juger*).

Le Département de la Seine, Paris exclus, reste un département. Paris à lui seul constitue une unité législative mais une seule. Belfort également une autre.

*(Malgré la disproportion qui existe pour ces deux cas, l'unité doit être maintenue malgré tout, afin d'avoir des assemblées peu nombreuses, les grandes assemblées ayant été les plus impuissantes quoique, et probablement parce que, elles étaient ou les plus prolixes ou de grandes coteries à partis pris.*

*Le Député d'un département peut d'ailleurs avoir une place prépondérante quand, comme à Paris, une masse importante permet une sélection plus parfaite.*

Art. 5. — Sont électeurs ceux qui le sont avec la loi actuelle mais sachant lire et écrire ainsi qu'il sera constaté par les feuilles d'émargement qui seront signées par les électeurs eux-mêmes.

Art. 6. — Sont éligibles tous les électeurs de 21 à 60 ans.

*Cette mesure est prise considérant que : 1° l'intérêt de tous doit passer avant la sensibilité et des sentiments qui, quoique fort honorables, peuvent être et même sont nuisibles audit intérêt ; 2° que l'expérience ne peut compenser l'énergie et le feu sacré du dévouement ; 3° que l'âge amène forcément chez tous des sentiments plus ou moins égoïstes, mais certains, variant suivant la santé, le caractère et l'état social de ceux qui en sont atteints.*

*L'armée a mis à la réserve et s'en trouve bien, les hommes âgés, malgré leur valeur et leur expérience ; ce courage de la vérité qui sera pour nous plus tard ce que nous le ferons pour les autres doit être poussé jusqu'où l'intérêt de tous le réclame. En politique la direction doit surtout être donnée et modifiée suivant les temps, usages, mœurs et coutumes qui sont d'une variation journalière ; l'expérience n'est donc pas le meilleur appoint mais bien le jugement ; l'Histoire consacre d'ailleurs elle-même des réussites et des insuccès qui souvent sont contraires aux données de celles-ci !*

Art. 7. — Afin de ne pas prolonger les périodes d'élections par des options et de donner plus de champ au dévouement de tous, les candidatures multiples sont interdites. Il en est de même pour toutes fonctions électives et pour tout annul.

Art. 8. — Tout électeur est éligible et peut par conséquent être candidat sans aucune déclaration, mais sous les réserves faites à l'article 6 et 7. Faute de se conformer à la loi, toutes les affiches seront lacérées et le candidat condamné à une amende de 10,000 fr. par chaque candidature qu'il aurait portée ou laissé porter ; les porteurs et distributeurs de pièces émanant de lui, sont solidaires de cette amende.

Art. 9. — Sur la demande de tout candidat appuyée de signatures d'électeurs légalisées dans les proportions de :

| | | | |
|---|---|---|---|
| 5 0/0 | des inscrits | au-dessous de | 25.000 |
| 3 0/0 | — | de 25.001 à | 50.000 |
| 2 0/0 | — | de 50.001 à | 100.000 |
| 1 0/0 | — | de 100.001 | et au-dessus |

Il lui sera fourni gratuitement par le département une circulaire de 18 centimètres sur 24, par électeur inscrit;

2° Deux bulletins de vote par électeur inscrit;

3° Une circulaire-affiche double colombier, par cent électeurs inscrits, le minimum en sera de deux par communes;

4° Les affiches seront collées aux frais des communes.

Art. 10. — Les mêmes électeurs ne pourront patronner qu'un seul candidat. Les infractions à cette règle seront punies chacune d'une amende de 500 fr.

Art. 11. — Pour éviter les frais inutiles et les surprises, tout en permettant aux électeurs de s'instruire sur la valeur des compétiteurs, la période électorale ouvrira 21 jours avant les élections, mais dans les derniers 8 jours, toute nouvelle candidature est interdite sous peine de l'amende prévue à l'article 8 pour les candidatures multiples.

En conséquence, les circulaires des candidats seront envoyées toutes ensemble par la poste avec un des bulletins de vote pour chacun et les affiches collées le même jour sur les mêmes points par les gardes-champêtres ou autres colleurs municipaux.

Art. 12. — Dans toute élection, le maximum des frais permis aux candidats est de :

1 fr. par électeur inscrit au-dessous de 25.000.

0 fr. 60 par électeur inscrit de 25.001 à 50.000.

0 fr. 40 par électeur inscrit de 50.001 à 100.000.

0 fr. 25 par électeur inscrit de 100.001 et au-dessus.

Toute élection où ces chiffres seraient dépassés et où ce fait serait établi sera invalidée pour corruption électorale.

Art. 13. — Afin de rendre à nos représentants une complète indépendance et leur nombre étant plus restreint il est alloué à chacun d'eux 50 fr. par jour de présence.

Art. 14. — Chaque député ne peut manquer aux séances plus d'un jour par semaine pendant toute la législature. Des absences même excusées de 8 jours consécutifs sans maladie, de 30 jours dans la même année ou de 2 mois même avec maladie le rendent impropre à son service et obligent à le déclarer incapable pour le reste de la législature, c'est-à-dire démissionnaire d'office.

Art. 15. — Il est interdit aux Députés : d'accepter aucune gratuité de passage ou de transport; d'occuper aucun emploi rémunéré soit par l'Etat, soit par les Départements, soit par les Communes; de figurer dans aucune opération Industrielle, Commerciale, Financière ou autre dont ils n'auraient point fait partie avant leur élection.

En un mot, leur nom ne leur appartient plus, avec leur honneur, il appartient pendant toute la législature au département qu'ils représentent.

Tout contrevenant aux mesures édictées par le présent article sera immédiatement déféré à la section à laquelle il appartient, afin qu'elle ait à juger de son indignité et à le chasser de son sein si la preuve contre lui est établie.

Art. 16. — En cas de vacance, soit par indignité, soit par incapacité, soit par décès, soit pour toute autre cause, le siège restera vacant jusqu'à la prochaine élection dans laquelle il sera pourvu, soit à un seul siège pour période entière si la vacance rentrait dans les prochains renouvellements, soit à un siège à période entière et à un siège à période restreinte s'il reste quelqu'année à courir pour la vacance accidentelle.

Art. 17. — Les pouvoirs des Députés en fonctions n'expirent, qu'une fois prononcé un nouveau jugement du suffrage universel.

Art. 18. — Chaque commission ou section porte le nom de l'ordre d'idées qu'elle représente. Elle choisit elle-même son président et ses vice-présidents, en dehors de son sein.

*Cette dernière mesure afin d'éviter les nombreuses cabales de compétitions et permettre les remplacements nécessaires sans laisser de froissements directs parmi des gens devant travailler ensemble à des intérêts supérieurs aux leurs.*

Art. 19. — Le Président choisi par chaque Chambre a fonctions de ministre.

Chaque vice-président dirige effectivement les services des sections absorbées ou reconnues utiles.

Le Ministre-Président ou ses sous-secrétaires, vice-présidents trouveront l'autorité nécessaire à la présidence effective dans leur honnêteté, leur droiture et la force du devoir accompli.

Art. 20. — Chaque ministre est payé 24,000 fr. par an. Il est directement et effectivement responsable de tous actes émanant de son autorité qui ne seraient pas couverts par un vote de sa section.

Chaque sous-secrétaire est payé 12,000 fr. par an. Il est directement et effectivement responsable de tous actes émanant de son autorité qui ne seraient pas couverts par une signature du ministre-président.

*Grâce aux articles 19 et 20, les crises ministérielles seront supprimées, et les ministres se sélecteront un à un, les bons n'étant plus entraînés par les mauvais.*

*Chaque chef de Chambre ou ministre, pourra facilement se persuader, que s'il est pris en dehors de chaque section, c'est pour n'avoir à écouter, que l'intérêt de la nation et la volonté de la majorité, qui l'a choisi et peut à chaque instant le remplacer par un plus digne.*

Art. 21. — Chaque commission ou chambre est maîtresse absolue de l'initiative en l'ordre d'idées qu'elle représente.

Les projets du ministre ou des sous-secrétaires sont entièrement soumis à sa discussion..

Elle discute, étudie et élabore.

Art. 22. — Les commissions se réunissent régulièrement en Congrès sous la présidence du Président de la République.

Le Congrès est absolument maître de son ordre du jour.

Art. 23. — Les résolutions définitives sur les projets admis par les sections sont prises par le Congrès.

Toute discussion autre que celle de l'ordre du jour y est interdite.

Aucune proposition ne peut être faite au Congrès qu'elle n'ait été admise par la section dans l'initiative de laquelle elle rentre.

Chaque ministre lit les résolutions prises par la section qu'il représente.

Les Votes ont tous lieu au scrutin public par oui et non.

*L'on arrivera par le fonctionnement de cet article à éviter toutes longueurs inutiles et toutes déformations, donnant par cela même une dignité exceptionnelle avec décisions prises qui deviennent exécutoires. Enfin la présidence du premier magistrat de la nation oblige à la grandeur, qui étant ainsi obtenue, frappera tous les esprits.*

Art. 24. — Le Congrès peut décider du renouvellement d'une section sur la proposition écrite et signée par la moitié plus un des membres de cette section constatant soit une opposition avec le pays représenté, soit une impuissance à sa bonne marche, soit une autre cause le nécessitant.

Dans ce cas, les élections ont lieu dans le délai de 5 semaines au plus et de 3 semaines au moins du vote du Congrès ; mais toujours, un jour férié.

Art. 25. — Le Président de la République est nommé par le Congrès — au scrutin secret. C'est le seul vote dans lequel le Congrès a à se servir de ce mode de scrutin.

Il est nommé aux deux premiers tours par la majorité absolue ou au second tour par la majorité relative, le bénéfice d'âge étant accordé au plus jeune.

Les votes pour cette nomination ont lieu à au moins six heures d'intervalle et au plus à douze heures d'intervalle. Ces intervalles sont consacrés à une suspension d'audience que prononce le Congrès sous la présidence momentanée de son doyen d'âge.

Art. 26. — Le Président de la République est nommé pour six ans, ce temps étant nécessaire pour le renouvellement intégral des sections.

Si une commission de plus ou une commission de moins étaient décidées, la durée de son mandat varierait dans le sens ainsi modifié.

Art. 27. — Le Président de la République n'est rééligible qu'après une période de remplacement.

Art. 28. — Le Président de la République peut être pris dans une chambre ou en dehors d'elles.

Pris dans une chambre, il est remplacé à la prochaine élection comme il est dit à l'article 16.

Art. 29. — Le Président de la République est et demeure président du Conseil des Ministres qui se réunissent sous sa présidence avant chaque réunion du Congrès et au moins une fois chaque semaine. Ses appointements sont de 120,000 fr. par an.

Art. 30. — Les fonctions du Président de la République sont effectives et représentatives.

Effectives — Il préside le Congrès et le Conseil des Ministres, comme il est dit aux articles 22 et 29.

Représentatives — Il est le Chef suprême de l'Etat et représente la Nation entière. A ce titre, il ne peut quitter le sol français sans une décision du Congrès.

Pour cette même raison, il doit avoir comme but constant de démontrer aux peuples : l'Urbanité, l'Honnêteté, la Loyauté, la Bonté et autres qualités dont notre France est si fière. Son entourage et sa maison doivent être pénétrés par lui de ces sentiments.

96

www.ingramcontent.com/pod-product-compliance
Lightning Source LLC
LaVergne TN
LVHW010257230826
846091LV00007B/3010

*9782011777751*